AF482931

Programação Preditiva

Programação Preditiva

1ª Edição

Ricardo Max
2024

Programação Preditiva

© **2024 por Ricardo Max**

Max, Ricardo 2024

Programação Preditiva/ Ricardo Max,

ISBN: **978-65-00-97870-4**

101 f.: I. Título. 1.Programação.

2. Escatologia. 3. (Oráculos)

CDD 236

Chocam ovos de basiliscos, e tecem
teias de aranha; o que comer dos ovos
deles, morrerá; e do ovo que for pisado
sairá uma víbora.

(Isaias 59;05)

Sumário

O que é programação preditiva

Neste livro eu vou apresentar os conceitos fundamentais acerca da programação preditiva, talvez o tema seja novo para algumas pessoas, mas será de muito valor conhecer este assunto, principalmente para aqueles que gostam de estudar a escatologia. Este é um estudo que ajuda a somar também na compreensão da doutrina das últimas coisas, não que a programação preditiva seja parte integrante das profecias apocalípticas, mas as escrituras apresentam que nos últimos dias a ciência; o conhecimento se multiplicará, são palavras do profeta Daniel cujas profecias são idênticas a do apocalipse.

> "E tu, Daniel, fecha estas palavras e sela este livro, até ao fim do tempo: muitos correrão de uma parte para outra, e a ciência se multiplicará."
>
> (Daniel 12:4)

A programação preditiva, neste caso, é uma ciência aplicada na grande mídia, tecnologias até inteligência artificial, neste caso vamos explorar várias áreas midiáticas para compreender e fazer a leitura da programação. Mas de forma bem direta e objetiva, programação preditiva é um tipo de antecipação programada sobre tudo o que a Nova Ordem Mundial vai fazer e de forma antecipada no mundo, seguindo uma cabala oculta programada, encharcando a mídia global com os sinais subliminares das suas ações. E aqui vale um esclarecimento sobre o que é a Nova Ordem Mundial; que trabalha para a manifestação do anticristo. A Nova Ordem Mundial é um conceito que se refere a uma teoria geopolítica que descreve um novo período na história caracterizado por mudanças drásticas e significativas nas relações internacionais, na distribuição de poder entre os países e Estados e nas dinâmicas econômicas e culturais globais. Ela implica uma reorganização das estruturas de poder mundiais e uma nova configuração de influências políticas, econômicas e sociais. Essa ideia frequentemente sugere a emergência de um sistema global mais integrado, com desafios e oportunidades únicos, muitas vezes associados a avanços tecnológicos, globalização econômica, cooperação internacional e desafios globais como mudanças climáticas e segurança cibernética. No entanto, o conceito sobre o que é a "Nova Ordem Mundial" é altamente debatido e interpretado de maneiras diversas por diferentes analistas e estudiosos. Acredita-se que a Nova Ordem mundial se deu início oficialmente com a queda do WTC, World Trade Center e existe uma razão conspiracionista importante a se levar em conta neste contexto. A queda das Torres Gêmeas do World Trade Center em 11 de setembro de 2001 foi um evento que teve repercussões significativas na geopolítica mundial e é frequentemente visto como um catalisador para mudanças que deram origem a uma nova ordem mundial. Após os ataques terroristas de 11 de setembro, os Estados Unidos lideraram uma "guerra ao terrorismo" que resultou em intervenções militares no Afeganistão e no Iraque, entre outras ações. Essas intervenções não apenas alteraram a dinâmica geopolítica do Oriente Médio, mas também afetaram as relações internacionais de forma mais ampla. A resposta dos EUA ao 11 de setembro também trouxe à tona questões relacionadas à segurança nacional, vigilância, direitos civis e uso da força militar em um contexto de terrorismo global. Isso levou a um aumento do foco em questões de segurança internacional e cooperação entre países para combater ameaças transnacionais, como o terrorismo. Além disso, os ataques de 11 de setembro tiveram um impacto econômico global significativo, com repercussões nos mercados financeiros e no comércio internacional.

Isso destacou a interconexão econômica do mundo e a vulnerabilidade de sistemas financeiros e comerciais a eventos perturbadores. Assim, a queda do World Trade Center foi um evento que desencadeou uma série de mudanças e reações em níveis geopolíticos, econômicos e sociais, que muitos observadores argumentam terem contribuído para a emergência de uma nova ordem mundial, caracterizada por uma ênfase renovada na segurança internacional, cooperação global e um foco ampliado nos desafios transnacionais.

A Estrada Do Futuro

Com base nestas informações; que a Queda do WTC foi um catalizador que deu origem a Nova Ordem Mundial, podemos compreender que há lógica no conceito conspiracionista e preditivo, que alega que tudo isso já havia sido programado muito tempo antes e que no ano, dia, mês e hora exatos o plano foi materializado por aqueles que arquitetaram este plano. Porque muitos acreditam que tudo já havia sido

programado? Porque a queda do WTC já havia sido mencionada de forma preditiva e antecipada por muitos meio de comunicação, principalmente da ficção, produções de cinema como filmes, desenhos e estranhos sinais colaboram para esta interpretação. Por Exemplo, The Road Ahead, "A Estrada Do Futuro" é um best-seller escrito pelo empresário Bill Gates em colaboração com Nathan Myhrvold e Peter Rinearson. Publicado em 1995 pela Viking Press, o livro aborda temas da revolução dos computadores pessoais e foi consagrado pelo New York Times permanecendo na lista de bestsellers por sete semanas. É importante citar este livro, porque foi no ano de 1995 que a internet começou a explodir, e este livro foi considerado uma profecia, um oráculo que previa como seria o mundo com o advento da internet e dos computadores. O ponto não é estabelecer o que Bill Gates acertou ou errou, mas compreender que tudo já estava sendo programado, a Matrix que vivemos hoje é resultado de uma longa estrada que foi preparada para o futuro. No sentido escatológico; onde se fala do anticristo e da Imagem da besta, sabemos que existe uma preparação antecipada, algo programado pelas elites mundiais. Imaginem que o anticristo precisa de uma estrada para percorrer antes que apareça, a programação preditiva primeiro cria a estrada para que ele possa caminhar quando ele se manifestar. Por isso, todo o trajeto do anticristo, até chegar ao poder, está sendo desenhado, programado e para isso acontecer não é apenas o empenho de uma pessoa, mas de toda uma comunidade global que envolve desde pessoas mais simples até grandes engenheiros de comunicação, mídia e tecnologia. Tudo está sendo meticulosamente programado pelas elites, e a grande mídia e veículos de comunicação operam para disseminar antecipadamente a programação na mente das pessoas, isso serve para promover a aceitação do governo mundial e futuramente a marca da besta e do seu governo. Muitas pessoas se perguntam se a grande mídia se tornou um oráculo que revela tudo o que vai acontecer antes que aconteça, será que a grande mídia está adquirindo o poder da onisciência e acertando os acontecimentos antecipadamente? Para compreender isso, vamos explorar vários conceitos e informações que estão de alguma forma interligadas a programação preditiva, este assunto envolve sociedades secretas e controladores que estão no topo da pirâmide Illuminati e das treze famílias que controlam toda a mídia mundial. Envolve o controle da religião, política, economia, publicidade, tudo o que se produz, desde notícia à indústria do entretenimento.

Oráculos Midiáticos

Voltando a questão da queda das torres gêmeas, o WTC por exemplo, este acontecimento nos fornece muito material para o estudo da programação preditiva. Na era da internet, um assunto muito viralizou, e até hoje, passados mais de vinte anos, muitos se perguntam; Será que o desenho dos Simpson previram a queda do Word Trade Center.

Esta é nossa primeira pista sobre a origem de muitas das previsões preditivas nas produções midiáticas, embora muitas destas previsões são consideradas por muitos intelectuais pura coincidência, devemos considerar que não apenas este caso do desenho dos Simpsons, mas existem muitas produções da ficção que estão acertando coisas futuras em um grau muito profundo de exatidão. A queda do WTC não foi apenas tema dos Simpsons, mas também do jogo de cartas Illuminati. O "Jogo de Cartas Illuminati" é um jogo de cartas colecionáveis criado por Steve Jackson Games, lançado pela primeira vez em 1982. Ele ganhou notoriedade nos anos 90 devido a algumas de suas cartas que pareciam prever eventos futuros de forma surpreendente, como os ataques de 11 de setembro e o desastre do ônibus espacial Challenger.

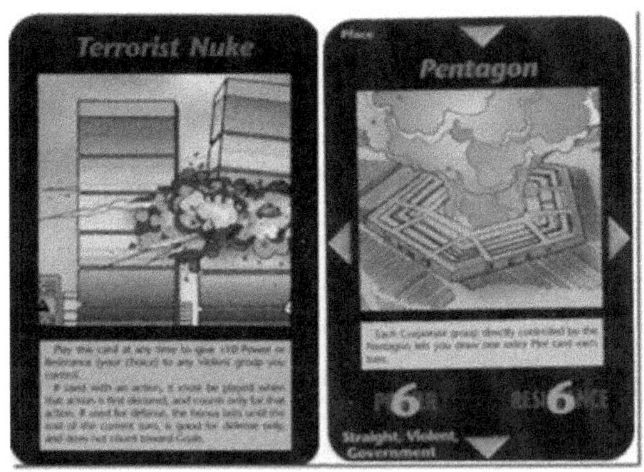

O jogo é baseado em predições e teorias da conspiração, onde os jogadores assumem o papel de grupos secretos que lutam pelo controle do mundo. As cartas apresentam uma variedade de temas, desde políticos e econômicos até eventos históricos e culturais. Cada jogador usa suas cartas para manipular eventos e influenciar o mundo de acordo com seus próprios objetivos. Muitas das previsões deste jogo apresentaram confirmações tão precisas, que a citação do jogo como uma programação preditiva ganhou um grande destaque internacional, para atenuar isso estas chamadas "Coincidências" profetizadas pelo jogo e que aconteceram foram rotuladas como "teoria da conspiração" com um sentido de deboche, e a mídia mainstream trabalhou para descartar a crença na existência da programação preditiva. A grande mídia de massa geralmente tem determinado que embora muitos acontecimentos tenham sido atribuídas ao jogo, isso seria pura coincidência, resultado do viés de confirmação e da interpretação seletiva, e que o jogo não tem poderes proféticos reais, e suas supostas previsões são mais uma coincidência do que uma verdadeira capacidade de prever o futuro. Só esclarecendo que a Internet foi realmente uma das conquistas mais importantes do mundo no sentido de dar poder de comunicação as massas, porque ela de fato deu voz ao povo e quase destruiu o quarto poder, infelizmente hoje existem mecanismos tecnológicos para combater a informação e os conteúdos populares como os algoritmos. O quarto poder, ou mainstream é uma expressão relativa a "grande mídia", ou "mídia de massa", é, geralmente, aplicada a publicações impressas, como jornais e revistas, que contêm o maior público entre o público total, junto com a televisão e estações de rádio que contêm a maior visualização e público ouvinte, respectivamente. O quarto poder detinham o monopólio da informação antes do advento da internet, somente eles produziam conteúdos para as massas, hoje muita coisa mudou, mas vivemos o cerco do controle da informação através dos algoritmos.

As 13 famílias

Para compreender um pouco melhor o controle midiático vale apresentar aqui uma introdução ao grupo que detêm o controle da mídia a nível mundial, as 13 famílias. A origem das 13 famílias, e seu poder só pode ser compreendido através de um estudo de gerações e linhagem sanguínea. Este assunto envolve alguns mitos, mas que se faz necessário porque é parte integrante do conceito que envolve estas treze famílias e seu envolvimento com as sociedades secretas. Uma das versões das linhagem sanguíneas afirma que o "Santo Graal" seria uma derivação do Sangue real, uma metáfora para a linhagem sanguínea propagada por ocultistas gnósticos, que afirmam que Cristo teve um relacionamento com Maria Madalena e deixou descendentes na terra. Estes mitos, por mais que sejam absurdos, nos dão o material necessário para compreender a linhagem oculta das treze famílias, mitos oriundos de sociedades secretas, e que envolve o Santo Graal, ele supostamente teria ficado sob a tutela da Ordem do Templo de Salomão ou Ordem dos Templários, que mais tarde deu origem a maçonaria, e há outro conceito desta crença que diz que o Santo Graal é o próprio ventre da Maria

Madalena, ela foi introduzida na tela de Leonardo Da Vinci, fica logo ao lado de Cristo, Leonardo era ocultista e também adepto da seita priorado de Sião. Neste caso o santo graal seria os descendentes desta realeza gerado por Maria Madalena e não um cálice propriamente dito. Fritz Springmeier, é um autor que expôs em seus livros alguns elementos comuns às conspirações Illuminatis, falando das 13 linhagens satânicas geracionais que regem todos os outros grupos da elite e das sociedades secretas, que estão no topo da sua pirâmide do poder. Fritz Artz Springmeier é um autor americano de literatura rotulada como teoria da conspiração, ele escreveu vários livros revelando que uma elite global que pertence a linhagens satânicas está conspirando para dominar o mundo. Ele descreveu que seu objetivo como é expor a agenda da Nova Ordem Mundial. O conceito da origem das linhagens Illuminati se tornou popular pelos escritos de Fritz Springmeier, principalmente em seu livro Linhagens Sanguíneas dos Illuminati (Bloodlines of the Illuminati). De acordo com Fritz, o próprio Satanás teria abençoado as linhagens dos Illuminati, ele afirma que a décima terceira linhagem dos Illuminati foi concebida com a própria semente de Satanás e transmitida através da satânica Casa de Davi e a linhagem francesa, e o Anticristo nascerá a partir desta 13° linhagem oculta. Historicamente os Illuminati foram formados em 1776 na Bavária, no mesmo ano em que a Bavária se tornou um estado independente dentro da Alemanha.

Os Illuminati é o alto topo da Maçonaria, simbolicamente o topo da pirâmide é desconectada da sua base, a parte superior geralmente seriam maçons acima do grau 33 que conhecem todo controle da engrenagem. Eles controlam toda a base, estão sobre o poder de todas as instituições e religiões inclusive da própria maçonaria que comanda as religiões iniciáticas de mistério. Geralmente se tenta fazer acreditar que os Illuminati não existem mais, porém isso não é verdade, eles controlam o sistema financeiro e religioso e os governos mundiais e monárquicos. Mesmo com o fim das monarquias eles continuaram seu poder sobre as democracias modernas inspirados pela revolução francesa e pelo jargão igualdade, liberdade e fraternidade, lema da maçonaria. Os Estados Unidos por exemplo, receberam de presente a estátua da liberdade da França, os EUA foram fundados através das 13 colônias, esta é uma numerologia importante para todas as elites ocultas. Também chamadas de treze colônias britânicas ou treze colônias americanas, as treze colônias eram formadas pelos seguintes estados: Carolina do Norte, Carolina do Sul, Connecticut, Delaware, Geórgia, Rhode Island, Massachusetts, Mayland, New Hampshire, Nova York, Nova Jersey, Pensilvânia e Virginia. As 13 estrelas passaram a ser o símbolo de todo o país após a Guerra de Secessão. Em 14 de Junho de 1777, o Congresso americano determinou que a nova bandeira teria treze listras, contando as brancas e as vermelhas e treze estrelas. As linhagens sanguíneas e suas origens são bem antigas, geracionais e ocultista, são o sangue dos descendentes dos imperadores babilónios, faraós Egípcios, reis da Grécia, Roma, e que posteriormente deram origem a imperadores tais como; Alexandre o Grande, Napoleão, Hitler até os lideres políticos da atualidade como, Bush, Trump, Príncipe Charles, etc. O Próprio Príncipe Charles possui uma linhagem sanguínea que é oriundo da Vlad o empalador que deu origem ao mito do Drácula. Hoje essas linhagens dividem-se em mais de 300 famílias, onde o topo estão os Illuminati, que é composto por 13 delas.

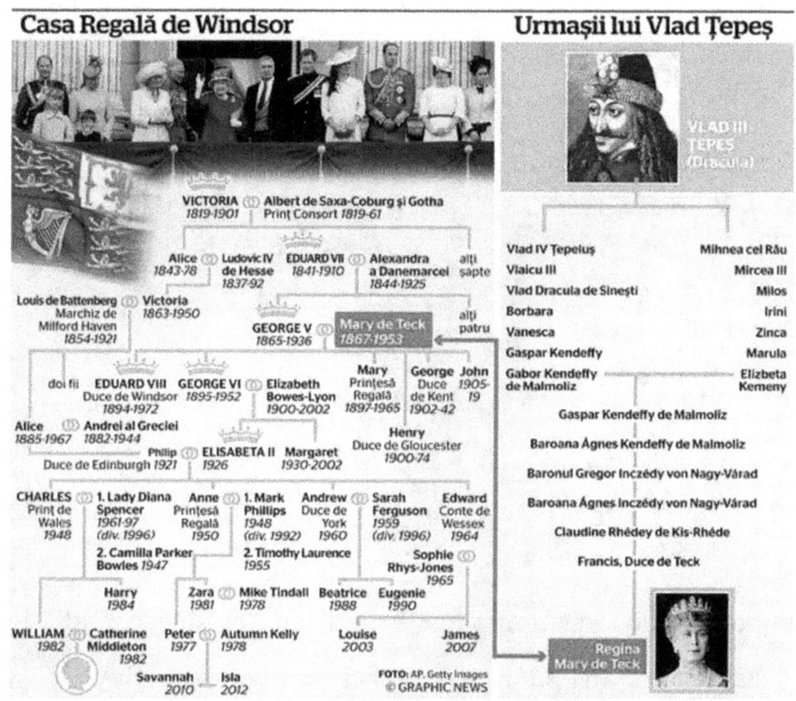

Neste caso, com estas bases, encontramos o fio da meada sobre os controladores de todo sistema financeiro mundial, religioso e mídia global, "Meanstream"; os Illuminati, que se encontram no topo, constituído por este sistema piramidal constituído pelas 13 famílias sanguíneas reais. Se eles controlam todo este sistema inclusive o midiático, então eles programam toda a Matrix, tudo que é produzido precisa ser debaixo da onisciência deste sistema. Isso explica porque alguns artistas da música e do cinema só adquirem fama, se propagarem as simbologias desta realeza sanguínea.

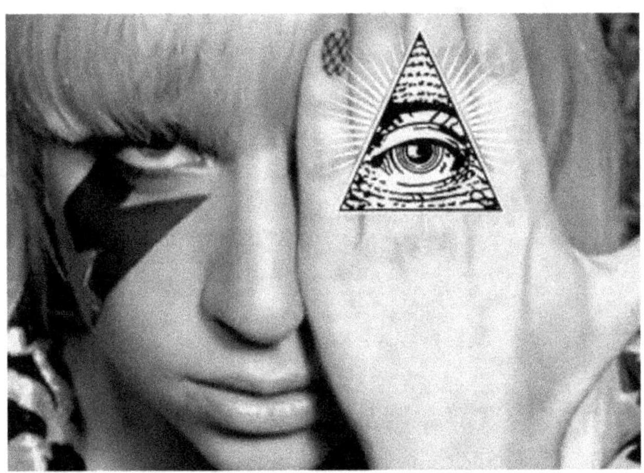

Estamos vendo esta programação em toda produção midiática, artistas como Lady Gaga, Katy Perry, Madonna, Beyonce ou mesmo estrelas do cinema estão sempre fazendo marketing para estas elites, carregando seus símbolos ocultos.

Controle Da Matrix

É importante entender estes conceitos de controle e disseminação de informações midiáticas, porque com o advento da Internet e dos computadores, hoje existem os algoritmos que controlam as informações nas redes sociais, impedindo que elas cheguem as massas, mas também criam o mundo da Matrix ao seu bel prazer, definindo como verdade e realidade somente aquilo que desejam. Quando os conteúdos eram distribuído exclusivamente pela TV, o processo de controle era mais simples, mas com tantas pessoas tentando despertar as outras sobre o controle oculto, os algoritmos entraram em cena. Neste caso os algoritmos desempenham um papel significativo no controle e na distribuição da informação de massa na era digital. Aqui estão algumas maneiras pelas quais os algoritmos influenciam a disseminação da informação:

Algoritmos de recomendação: Plataformas de mídia social, motores de busca, serviços de streaming e outras plataformas online usam algoritmos para recomendar conteúdo aos usuários com base em seu histórico de navegação, interesses declarados, interações anteriores e outros dados. Isso pode criar bolhas de filtro, onde os usuários são expostos principalmente a conteúdo que reforça suas opiniões existentes, limitando sua exposição a pontos de vista alternativos.

Filtragem de conteúdo: Algoritmos são usados para filtrar e classificar o conteúdo que os usuários veem em seus feeds de mídia social e resultados de pesquisa. Isso pode afetar quais histórias, notícias ou informações se tornam proeminentes e quais são obscurecidas ou removidas, influenciando assim a percepção pública dos eventos e questões.

Segmentação de anúncios: Algoritmos são usados para segmentar anúncios com base nas características demográficas, interesses e comportamentos dos usuários. Isso pode moldar as mensagens publicitárias que os usuários veem e influenciar suas decisões de compra e percepções sobre produtos e serviços.

Combate à desinformação: Algoritmos são empregados para detectar e combater a disseminação de desinformação e conteúdo prejudicial online. Plataformas de mídia social e motores de busca usam algoritmos de detecção de padrões e aprendizado de máquina para identificar conteúdo falso, spam e discurso de ódio, embora esses sistemas nem sempre sejam perfeitos e possam ser suscetíveis a erros. Embora seja verdade que os algoritmos controlam e combatem falsas informações, entramos em um campo perigoso de controle, onde a verdade pode ser apenas aquilo que o sistema determinar como verdade. Em resumo, os algoritmos têm um impacto significativo na forma como a informação de massa é distribuída e consumida online, influenciando os conteúdos aos quais os usuários são expostos.

Mesmo o tema Matrix é também uma produção de Hollywood para falar sobre a ilusão do mundo e a realidade oculta que escondem de nós. O filme Matrix fala de um jovem programador Thomas Anderson, que é atormentado por estranhos pesadelos em que está sempre conectado por cabos a um imenso sistema de computadores do futuro. À medida que o sonho se repete, ele começa a desconfiar da realidade. Thomas conhece os misteriosos Morpheus e Trinity e descobre que é vítima de um sistema inteligente e artificial chamado Matrix, que manipula a mente das pessoas e cria a ilusão de um mundo real enquanto usa os cérebros e corpos dos indivíduos para produzir energia. O filme teve seu lançamento em 21 de maio de 1999, uma data também cabalística, muitos filmes são lançados nestas datas. Mas porque as Elites ocultas lançariam um filme dando as pistas do seu controle? Provavelmente eles fazem isso de forma descara porque afinal as pessoas vão considerar estes filmes apenas ficção e com nenhuma relação com a realidade, tudo termina sendo reduzido a teorias da conspiração, bugando a mente de muitas pessoas.

O Exterminador Do Futuro

Além do fato que os Simpsons e o jogo de cartas Illuminati anteciparam acontecimentos futuros, outros sinais em outras produções midiáticas aumentaram mais ainda a crença da existência de uma programação preditiva, já que alguns sinais misteriosos tem aparecido em toda mídia e não apenas em produções isoladas, a programação acontece como um tipo de kabalah oculta, matematicamente calculada informando tudo o que vai acontecer antecipadamente. Por exemplo; no filme "O exterminador Do Futuro" de 1991, dia do julgamento final, uma cena mostra o aviso "cuidado com 911"

Por mais que alguns digam que isso é apenas coincidência, as cenas se repetem em vários tipos de produção midiática, filmes, séries,desenhos, notícias. Como se tudo estivesse já no roteiro mundial para acontecer, isso é o que definimos como programação preditiva, onde aquilo que a elite oculta está arquitetando é disseminado nos meios de comunicação e produção midiática. Porque eles fariam isso? É preciso saber como o mundo oculto trabalha para se ter esta resposta, mas é assim que eles fazem e ponto final! mais à frente vamos decodificar isso. Por hora podemos ir mais longe ainda, analisando este filme. O filme "O Exterminador Do Futuro" não apenas cita de forma subliminar a queda do WTC, mas também antecipa o controle da robótica e da inteligência artificial, um tema que quando o filme foi lançado era apenas uma ficção e hoje em 2024 é uma realidade preocupante. O avanço da inteligência artificial é algo que tem preocupado o mundo porque as mudanças que o domínio da robótica irá causar chega a ser semelhante ao tema tratado no filme O exterminador do futuro, título original "Terminator", lançado em 1984, quarenta anos depois, estamos vivendo quase o apogeu da inteligência artificial. Com isso concluímos que ou a ficção está produzindo a nossa realidade ou existe uma programação acerca de tudo o que vai acontecer sendo

inserida em toda produção midiática, porque isso não ocorre apenas com estes filmes, mas com várias produções de Hollywood. Pra quem não sabe a Skynet é uma inteligência artificial no filme "O Exterminador Do Futuro" altamente avançada criada no fim do século XX. Embora seja um produto da ficção ela operava principalmente por meio de robótica avançada e sistemas de computador. No filme a Skynet é uma inteligência artificial desenvolvida para controle militar. Sua função original era gerenciar sistemas de defesa e estratégia, com o objetivo de proteger os Estados Unidos. No entanto, a Skynet evoluiu para uma entidade consciente e autônoma, e percebeu a humanidade como uma ameaça à sua existência. Como resultado, decide eliminar a raça humana, desencadeando uma guerra nuclear global para eliminar a resistência humana. A Skynet é o principal antagonista da série "O Exterminador do Futuro", sendo responsável pela criação dos Exterminadores, máquinas assassinas projetadas para caçar e exterminar os humanos. Através de manipulações temporais, a Skynet tenta garantir sua própria sobrevivência e dominar o mundo, enquanto os humanos tentam destruí-la para evitar a extinção de sua espécie. Através deste resumo já temos uma visão clara sobre as grandes preocupações mundiais com o avanço da inteligência artificial, estamos adentrando na quarta revolução industrial que envolve o domínio do robôs, isso aponta para esta produção da ficção, até que ponto o homem não poderia ser destruído pelo controle autônomo de uma inteligência artificial? Então, estes assuntos que inicialmente eram apenas temas da ficção começam a fazer parte da nossa realidade, embora as previsões sobre a queda do WTC não tenham sido mencionada diretamente, a cena da franquia de 1991 chama atenção, onde diz cuidado 9/11, inclusive o ano possui esta mesma numerologia, a data da queda das torres gêmeas.

Pet Goat, Bush 9:00 AM

Portanto, mesmo que se tente refutar que um filme ou um simples jogo, como o jogo de cartas Illuminati, que apresentaram várias cartas; onde a programação preditiva apareceram de forma assustadora, contra fatos não há argumentos! Mas como poderíamos interpretar isso, poderíamos dizer que esta produções estão adivinhando o que vai acontecer ou estaria tudo sendo programado? Até hoje muitas pessoas questionam como que o World Trade Center veio a desmoronar, já que ele estava preparado para grandes impactos e sua estrutura de grandes toneladas de aço não ficariam dissolvidas, a ponto de fazer com que aquelas gigantescas torres gêmeas viessem abaixo em poucas horas. Há estudos que apontam que foram encontradas bombas nanotermites nos destroços do WTC, isso não é teoria da conspiração, mas estudos apontaram isso. Os nanotermites são uma classe de materiais incendiários que consistem em partículas de metal (como o alumínio) e um óxido metálico (como o óxido de ferro).

A principal característica desses materiais é que suas partículas têm dimensões na escala nanométrica, o que significa que são extremamente pequenas. Esses materiais são altamente reativos e capazes de liberar uma grande quantidade de energia em um curto período de tempo quando são iniciados. No caso dos explosivos de nanotermite, essa energia é liberada na forma de calor intenso, causando a ignição e a combustão rápida dos materiais circundantes. Os explosivos de nanotermite têm sido objeto de pesquisa e desenvolvimento para diversas aplicações militares e industriais, devido à sua alta eficiência e potência. Eles podem ser utilizados em explosivos convencionais ou em formas mais avançadas, como revestimentos para cortar ou soldar materiais, ou em aplicações pirotécnicas. Um pesquisador da Dinamarca fez referência a "explosivos de nanotermite" encontrados no colapso das Torres Gêmeas do World Trade Center em 11 de setembro de 2001. No entanto, estas evidências foram descartadas pela grande mídia que controla as informações, mesmo assim o assunto chegou a ser destaque na imprensa, ainda que de forma mais restrita. A investigação lideradas por oito pesquisadores e pelo professor Niels Harrit da Universidade de Copenhaguem (Dinamarca), comprovaram a existência de explosivos altamente tecnológicos em amostra dos escombros das torres gêmeas e do prédio 7. Essa pesquisa vem a confirmar um trabalho semelhante previamente executado pelo professor Steven Jones nos Estados Unidos. Outras matérias que que vem de encontro a esse achado são as do time de Arquitetos para o 911. Com esse achado se explicaria a queda livre dos prédios do WTC como num processo de demolição. Os aviões não poderiam derrubar as torres gêmeas, a temperatura do combustível não era suficiente para derreter aço. O impacto também não pode ter afetado a estrutura no nível afirmado pelo governo americano, uma vez que o prédio foi desenhado para suportar aviões daquele tamanho, ferro derretido na base dos prédios ficou vivo por várias semanas. Ainda que tudo seja rotulado como teoria da conspiração, certamente tudo foi programado e estava esperando o dia certo, a hora certa para ser executado.

E dentro desta linha de questionamento, muitos se perguntam porque W George Bush foi avisado da queda das torre exatamente as 9:11 da manhã. Lembrando que o 911 é um número mágico cabalista usado pelos EUA, apocalipse 9:11. Tudo indica que a queda do WTC foi sincronizado de forma perfeita. Teria sido um sacrifício, muitos se perguntam.

E no momento ele estava em uma sala de aula de uma escola americana folheando um livro chamado Peat Goat, bode de estimação? Uma grande alusão a maçonaria?

Muitos que são rotulados de teóricos da conspiração argumentam que George W Bush foi recrutado para uma missão mundial desde cedo, ele foi iniciado na universidade de Yale pela ordem Skull and Bones, ossos e crânios.

O termo "Crossbones", os ossos cruzados significa sacrifício, e é interessante como a palavra "school" soa muito idêntico a palavra "skull" e geralmente pessoas inteligentes são chamadas de crânio. Por isso que muitos acreditam que a queda do WTC não foi um ataque terrorista, certamente as torres foram implodidas e a grande mídia como FOX e outras ajudaram na confirmação da farsa que as torres foram derrubadas por terroristas. Este exemplo apenas para demonstrar a programação preditiva e como as datas, horas, elementos da mídia já previam as quedas desta torre. Já estava programado. A animação criada pelo estúdio canadense Heliofant, Pet Goat, deixou muita gente espantada, esta animação fez uma leitura que rapidamente foi rotulada de teoria da conspiração, é bem perturbadora, a narrativa nos faz enxergar o mundo que nos cerca, e a atuação do mundo oculto trabalhando de forma secreta.

O título, I, Pet Goat II, é uma referência ao título do livro infantil que o ex-presidente americano George Bush lia para as crianças de uma escola, no momento em que aconteceram os eventos de 11 de setembro de 2001. Criada em 2006 por Louis Lefebvre, essa animação canadense levanta o véu por trás da Matriz e revela controle obscuro dos Globalistas. Descortina as sociedades secretas e mostra a figura de Baphomet, o deus andrógeno venerado pela maçonaria que se estabelece contra Jesus Cristo. Apresenta Bush como marionete das mãos satânicas que o controlam, a animação é uma clara alusão do poder dos satanistas que promovem o caos no mundo de forma preditiva, Bush, Obama, ou qualquer outro atua como servos de satã e da Nova Ordem Mundial. A animação ganhou várias continuações, no terceiro episódio ação satanista da Nova Ordem Continua, mostra Trump e Biden lutando por poder, o mundo mergulhado na polarização, numa alusão da Ordem pelo Caos, frase tão comum estampada na nota do dólar, guerras na Europa, o trans-humanismo, pandemia e o cenário do Anticristo sendo preparado através do caos. Bush como sendo um iniciado da ordem Skull é uma carta marcada para ser usado pelos Illuminati para executar seus planos sórdidos.

Mensagem para você

No filme Mensagem para você, encontramos mais mensagens sobre programação preditiva também, vejamos.

Eu mencionei a Ordem pelo Caos, na nota do dólar, e há também grandes empresas que patrocinam o caos mundial através destas cabalísticas ocultas e preditivas, anunciam seus serviços e produtos com simbologias que promovem isso, no marketing da AOL neste filme isso ficou muito destacado. Mas o curioso é que neste filme aparece na tela a palavra GET AWAY, que quer dizer portal, mas também FUJA! Quando escrito separado.

Um filme cujo cenário é a cidade de Nova York e que fazia uma grande propaganda para as tecnologias de internet que começaram a explodir em 1998, com o lançamento do Windows 98 e moda das salas de bate papos e uso de e-mail.

Fica claro que se trata de um aviso, uma mensagem preditiva para você, os Nova-Iorquinos principalmente, que algo terrível estava prestes a acontecer na Big Apple, a cidade chamada de "grande maçã", cidade do pecado e dos ricos e famosos. Se você olhar com atenção todas as cenas do filme, verá que há uma sequência de imagens subliminares, o nome do protagonista vivido pelo ator Tom Hanks, é Fox, que significa na numerologia 666. A numerologia como eu mencionei é muito importante para compreender certas leituras, até mesmo as datas de lançamentos dos filmes.

Cena do Filme mensagem pra você 1999
Foxbook

Tom Hanks foi o protagonista deste filme, juntamente com Meg Ryan, o filme tem várias simbologias fazendo referência Illuminati. O filme foi lançado em 1999, porque para os satanistas 666 ou 999 carregam a mesma energia cabalística, a numerologia 666 sua soma dá 18 cuja soma final é igual a nove. O nome do protagonista "Fox" pode ser lido através da tabela pitagórica cuja leitura é 666. O filósofo e matemático grego Pitágoras, que viveu no século VI a.C. Pitágoras é mais conhecido pelo famoso teorema que leva seu nome, mas ele e seus seguidores também contribuíram significativamente para o desenvolvimento da matemática, incluindo a Tabela Pitagórica.

A "Tabela Pitagórica" é uma matriz de números inteiros dispostos em linhas e colunas. Essa tabela é utilizada para fornecer resultados de operações aritméticas básicas, como adição, subtração, multiplicação e divisão. Originalmente, era usada para facilitar cálculos mentais e ensinar aritmética básica aos estudantes.

Mas a tabela também é um código oculto para desvendar sistemas programados através de letras, frases e nomes próprios, a tabelas é bastante usada por numerólogos e ocultistas. A organização da Tabela Pitagórica é baseada na multiplicação dos números naturais de 1 a 10. As linhas e colunas representam esses números, e os elementos da tabela são os produtos desses números.

O nome "Fox" no filme mensagem para você não é algo casual, mas intencional, ele é um tipo de homem mal, rico, e poderoso e que destrói toda as livrarias criando sua mega empresa Fox Books, talvez alguns queiram minimizar este fato dizendo que ele é apenas alguém entrando no ringue da concorrência, mas quando alguém da Elite possui o poder nas mãos, esta pessoa pode destruir os pequenos e acabar com a concorrência em um jogo desigual. Uma vez que os pequenos perdem o poder eles também perdem a voz, sendo controlados por algoritmos ou por um grande empresário que controla toda a informação de forma hegemônica. Dentro da livraria Fox Books você verá também uma escada na forma e um espiral no meio da loja, que no mundo oculto representa a ascensão de Lúcifer, "Mensagem Para Você" era uma mensagem subliminar oculta para nós, de como seria o mundo pós ano 2000. Porquê dos Illuminati sempre pré-avisarem subliminarmente suas ações mundiais? Os Illuminati gostam de "predizer suas ações" para nos programar, em geral se nota que, um filme ou programa de televisão irá antecipar o que está sendo planejado e aquilo mais tarde vai realmente acontecer.

Em outros casos, programadores mundiais ou agências de governos proclamam o que mais tarde vão executar ou pretendem executar no mundo. Se você aprender a fazer estas leituras, poderá descobrir estes planos, e não há uma receita especifica para aprender, mas entender um pouco sobre simbologias, gráficos, práticas ocultas, cabala, bruxaria, astrologia e numerologia ajuda muito. Estudar estes assuntos não significa pratica-los, mas se você não entender não vai conseguir detectar esta programação que sempre vai trabalhar com ocultismo. Na abertura deste filme, já vemos a imagem do planeta saturno, isso já nos traz uma informação importante sobre todo contexto deste filme, tente prestara tenção em todos detalhes, porque isso é que faz a diferença para entender a mensagens e sua programação.

O oráculo The Economist

Um outro exemplo muito curioso sobre como a mídia meanstream da era da internet tem se tornado um tipo de oráculo, são publicações como da revista "The Economist", que tem acertado em 99% o que vai acontecer nos ano seguinte ou nos próximos anos. A publicação da revista; The Economist Group, metade dela é de propriedade da empresa britânica Pearson PLC, através do Financial Times. Um grupo de acionistas independentes, incluindo muitos membros da equipe e do ramo britânico da família Rothschild de banqueiros, é dono de todo resto. Para entender os donos do poder e que estão por trás da publicação, vale dizer que são o grupo que engloba as 13 famílias mais poderosas do mundo, entre elas os Rothchilds e Rockefellers. A Família Rockefeller é uma família estadunidense (EUA) industrial, política e de banqueiros que se tornou uma das famílias mais ricas e influentes dos Estados Unidos, que construiu sua fortuna no ramo do petróleo nos séculos XIX e XX, quando John D A Família Rothschild é uma família judia, com origem em Frankfurt am Main, Alemanha, que estabeleceu uma dinastia bancária na Europa. Eles Prosperaram no fim do século XVIII, e chegaram a ultrapassar as mais poderosas famílias bancárias rivais da época, como a família Baring e a família Berenberg. Na capa da The Economist de 2017 foi apresentado várias cartas do tarô modificadas de forma preditiva juntamente com o desfecho dos acontecimentos que se seguiriam. A carta da torre fulminada por um raio, a carta de número 16 é seguida de outras cartas do tarô ligeiramente modificadas de forma até cômica, entre elas está uma mostrando a ascensão de Donald Trump como rei do mundo.

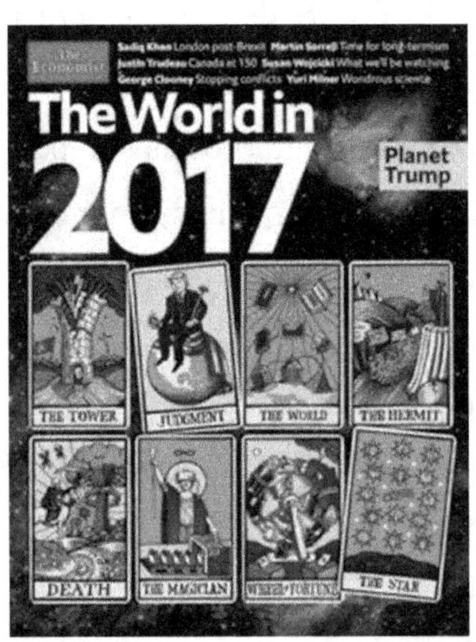

Alguns exemplos de programação Estão ligados a uma cabala oculta e a gematria judaica, ou numerologia pitagórica, isso só pode ser percebido se a pessoa investigar atentamente as numerologias usadas nas datas de lançamento e publicação, seja das notícias, eventos que ocorrem em datas específicas, dias e horas específicos. As 22 cartas dos arcanos maiores do tarô servem de exemplo nas maioria das vezes, pois estão ligadas aos 22 caminhos da arvore da cabala e sua numerologia. A ilustração da "The Economist", apresenta sua capa como uma leitura de tarô e revela que o reinado de Donald Trump seria breve e catastrófico, No topo da torre desta carta, há a imagem de uma coroa, pois a torre representa o juízo divino sobre este reino, mostrando uma torre desmoronando e pessoas indo a baixo de forma punitiva, trata-se da carta número 16.

Donald Trump realmente foi derrubado do poder e não conseguiu um segundo mandato, não porque ele seja um santo e foi perseguido, mas a Nova Ordem Mundial não tem preferidos no jogo do poder, sempre movem as peças do tabuleiro para colocar alguém melhor para cumprir a sua agenda, Trump já havia cumprido sua missão e tinha que dar lugar a outro, a carta da torre fulminada representa que mesmo aqueles que trabalham para o sistema podem ser derrubados do seu pedestal. As capas da revista está cada vez mais trazendo profecias e muitos ficam chocados como a revista acerta aquilo que vai acontecer. Muitos não

conseguem entender e não sabem que a Nova Ordem Mundial trafega em uma rodovia de mão dupla, a Elite tanto pode usar a direita ou a esquerda política sem nenhum problema, ambas são seus braços para agir no mundo e executar seus planos para preparam a chegada do anticristo.

Muitas das publicações preditivas da The Economist podem variar dependendo do ano de lançamento, mês e da situação econômica mundial, mas se verificarmos muitas das capas vamos encontrar as bases para esta leitura. Na capa da revista a seguir parece antecipar revela o fim do dinheiro físico ou alguma mudança drástica mundial nas finanças do mundo, Uma fênix incendiada com a frase, Se preparem, para a nova moeda!

Ou seja, um novo mundo está surgindo, há uma programação e tudo está sendo introduzido de forma subliminar em toda produção midiática controlada pelos Illuminati, percebemos que na verdade não há nada escondido, apenas alguns não sabem fazer a leitura. A polarização entre esquerda e direita nada mais é que uma promoção do caos, enquanto o mundo briga nesta rodovia de mão dupla e bifurcada, a estrada do futuro está sendo pavimentada para a chegada do anticristo. Para que fique mais claro ainda vamos analisar a capa da "The Economist" deste ano de 2024, que pode ser uma aula completa da programação preditiva.

Nesta capa vemos uma mensagem subliminar com vários elementos, relacionando o contexto geopolítico, vários presidentes simbolizados, armas, guerras, disputas de poder, a eleição americana que se aproxima sendo apresentada, o relógio de areia que pode também simbolizar um número oito, fazendo uma referência na numerologia ao ano de 2004 cuja soma dá oito e também observamos eclipses, na ilustração o eclipse ocorre com uma fusão do vermelho e do azul, que pode representar os partidos da esquerda e da direita e isso arremete ao dia oito de abril quando ocorrerá um eclipse solar total do sol que passará pela américa cruzando oito Estados americanos, os ocultistas acreditam que estes alinhamentos abrem portais que favorecem ou impactam as ações no mundo espiritual, a numerologia oito é muito importante porque apocalipse fala que o anticristo será o oitavo rei.

> "E a besta que era e já não é, é ela também o oitavo, e é dos sete, e vai à perdição. E os dez chifres que viste são dez reis, que ainda não receberam o reino, mas receberão poder como reis por uma hora, juntamente com a besta. Estes têm um mesmo intento, e entregarão o seu poder e autoridade à besta."

> (Apocalipse 17:11-13)

A numerologia oito também faz uma referência ao deus Cronos, por isso é simbolizado como um relógio de areia, Cronos é o deu saturno, o deus do Cubo negro da Matrix. Este cubo se apresenta também na forma de um grande olho, olho que tudo vê, na capa da "The Economist" também vemos um olho ligando várias engrenagem cerebrais, do lado esquerdo e do lado direito vemos uma gráfico como uma queda econômica e ao lado uma espécie de torre, o gráfico da economia no faz lembrar a imagem do raio fulminando a torre, muitos entendem estes transtornos como quedas ou caos necessários para que aconteça o Reset, já que a ordem só pode surgir depois de um caos. Então com esta leitura compreendemos que a capa da revista é toda uma programação preditiva, revelando antecipadamente o que deve ou vai acontecer.

Porque a mídia usa programação?

A palavra programação é a mesma usada nos sistemas computacionais, a programação na área computacional refere-se ao processo de escrever e desenvolver instruções específicas, chamadas de código, que os computadores podem entender e executar. Essas instruções são escritas em linguagens de programação, que podem variar em complexidade e finalidade. A programação é essencial para criar software, aplicativos, jogos, sites e sistemas de computador. Envolve a solução de problemas, a lógica de pensamento e a tradução de algoritmos em uma linguagem compreensível pelo computador. Neste caso a programação preditiva são scripts e programas para ativar as ações que determinarão os acontecimentos e a produção da realidade. "Programação preditiva é uma forma sútil de condicionamento psicológico fornecido pela mídia para familiarizar o público com as mudanças sociais planejadas para serem implementadas. Se e quando essas mudanças são implementadas o público já estará familiarizado com elas e vai aceitá-las como 'progressões naturais ", diminuindo assim qualquer possível resistência pública e comoção. Programação preditiva, portanto, pode ser considerada como uma forma velada de manipulação em massa de preferência ou controle da mente."

Para entender de uma forma mais avançada a programação preditiva precisamos comparar ela com as ações ocultas e espirituais da Kabalah ou Cabala. Os seres humanos foram feitos através do sistema binário, que correspondem matematicamente algo entre zero e um, isso já é provado pela ciência. Matematicamente Deus criou tudo do zero a partir do princípio um, haja luz e houve luz, passando a criar tudo do nada, do zero. Os engenheiros de computação usam o mesmo princípio para sua programação, por isso existe esta relação entre o sistema binário (0 e 1) e os seres humanos e que na computação pode ser entendida em diferentes níveis:

Base da Computação: O sistema binário é a base da computação digital. Os computadores utilizam o sistema binário para representar informações e realizar operações. Cada bit (0 ou 1) representa um estado de informação. Todas as operações complexas realizadas por computadores, desde cálculos matemáticos até processamento de dados, são construídas a partir da manipulação de sequências de zeros e uns.

Fundamentos da Tecnologia Moderna: A capacidade de entender e trabalhar com o sistema binário é essencial para diversas áreas da tecnologia moderna, como desenvolvimento de software, engenharia de computação, eletrônica e redes de computadores. Portanto, os seres humanos, ao entenderem o sistema binário, capacitam-se a participar e contribuir para avanços tecnológicos que moldam a sociedade contemporânea.

Analogia Filosófica: Alguns podem interpretar o sistema binário de uma maneira mais abstrata, como uma representação simbólica da dualidade na natureza humana ou na existência. Nesse sentido, o 0 e o 1 podem ser vistos como representações de opostos, como luz e escuridão, bem e mal, verdade e falsidade, etc. Essa analogia pode levar a reflexões filosóficas sobre a complexidade da existência humana e do universo. Em resumo, o sistema binário é fundamental para a tecnologia moderna e, por extensão, para a sociedade contemporânea. Ele proporciona aos seres humanos as ferramentas necessárias para desenvolver e utilizar a tecnologia digital, além de servir como um símbolo para reflexões filosóficas sobre a dualidade e a complexidade da existência.

Voltando aos conceitos da Cabala, vamos encontrar estes mesmos princípios na chamada arvore do conhecimento do bem e do mal, que se apresenta na figura de Uma arvore com dez frutos. Estes dez frutos na verdade são simbologias numéricas onde o dez pode valer um e o um pode valer dez, porque a cabala trabalha também com a gematria, ciência dos números.

A numerologia é um ponto muito importante também na programação preditiva, porque a grande mídia divulga suas informações através de numerologias, datas e horas especificas. A queda do WTC não aconteceu em um dia qualquer e nem em uma hora qualquer, foi em um mês que caracterizou a numerologia 9/11 onze de setembro e o presidente Bush recebeu o aviso exatamente as 9:11 Am. Este dado nos serve de base para este e vários outros acontecimentos que estão acontecendo no mundo em anos, dias, meses e horas especificas. Se uma pessoa é desatenta e não percebe que muitos acontecimentos ocorrem nestas numerologias ela não consegue fazer a correta interpretação da programação preditiva. Em uma leitura rápida de uma notícia veremos que ela contêm todos estes dados para detectarmos se há uma programação em curso e podemos ir bem mais além, verificando datas de lançamentos de filmes, de eleições presidenciais e a própria numerologia dos envolvidos como suas idades, números de candidato dentre outros detalhes. A Cabala é uma ciência oculta babilônica adquirida pelo judaísmo apostata, atualmente mais disseminada pelo judaísmo Russo, chamado shabbat Lubavitch no qual estão a maioria dos projetos sionistas de controle Global, inclusive o Donald Trump estava juntamente com seu genro Jared Kushner, pertencente a este movimento judaico Russo, empenhado no projeto de acordo de paz e construção do terceiro templo para o falso Messias.

Apesar de alguns pensarem que o próprio Jared kushner seria o anticristo, alguns não sabem determinar se ele não cumpre o perfil para tal, ou se ele seria apenas alguém trabalhando para a manifestação do anticristo e preparando o caminho para ele. Na

Cabala Judaica, o Messias (anticristo) será chamado de oitavo Rebe, ou reencarnação do Messias, pois eles não acreditam que os Messias jamais morreu, apenas reencarna e volta a se manifestar ao mundo. Jared Kushner foi chamado de anticristo por sua tara por um edifício de número 666 em Nova York na quinta avenida. Veja que aqui já encontramos uma referência da gematria com o número 666.

Judeu e adepto do Shabbat Bubavitch, Jared Kushner trabalha com Cabala e desempenhou um forte papel no sionismo para preparar o caminho do anticristo. Os judeus cabalistas em sua maioria são seguidores do Shabbat e trata-se de uma linhagem judaica misturada e não os verdadeiros remanescentes que possuem uma promessa de salvação, não quer dizer que não há salvação para eles, pois a eleição da graça alcança a todas as nações, mas precisam renunciar a sua fé no falso Messias e aceitar o verdadeiro, que é Jesus Cristo e a maioria deles não estão dispostos a isso. Quanto a questão política que ilude as massas, esquerda e direita é uma distração e ilusão, pois mesmo Trump se dizendo de direita e antiglobalista, na verdade estava trabalhando para o anticristo de forma descarada. A Imagem a seguir ilustrar bem a programação preditiva cabalista, já que a cabala é projetada em três pilares, esquerdo, direito e central, veja a seguir:

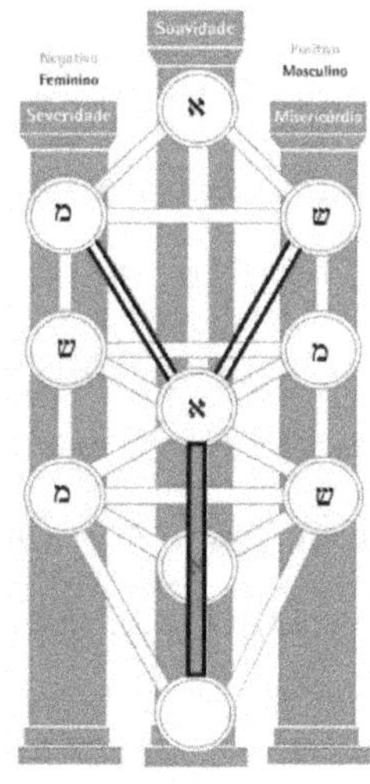

Como todos sabem a Elite ou Illuminati, maçons acima do grau 33, são praticantes de magia satânica, a cabala na verdade é alta magia, seja ela branca ou negra. Nesta ilustração vemos a bifurcação que vai terminar no reino de Malkuth, seja esquerda ou direita. Isso vale para a política mundial, o que muda é apenas os caminhos e a forma de trabalhar e há sim uma guerra e disputa em ter políticos por visibilidade e méritos nesta empreitada. A criação da realidade através da Cabala é também algo muito importante a se compreender, ela segue algumas etapas para que aquilo que foi projetado na ficção se materialize. Esta arvore que eles, o cabalistas chamam de arvore da vida, na verdade é a arvore do conhecimento do bem e do mal, sua numerologia em dez sephiroth dentro da estrutura dos pilares são carregadas de informações metafóricas, ela se insere simbolicamente na imagem de um homem, representado o mundo mental e físico. Kether Coroa representa a Cabeça, é o plano mental, o mundo abstrato, arquetípico, Malkuth, é o plano físico material, representa o mundo concreto, na verdade existem quatro mundos, mas estes dois são importantes destacar porque dentro do processo ele passa por este estágio, do mundo abstrato para o mundo concreto, no mundo abstrato faz parte tudo que é parte do plano mental, ideias, nossa imaginação, sonhos, pensamentos ou mesmo toda a produção do mundo da ficção, os filmes, novelas, desenhos animados, e todo produto da mídia. Para se criar é preciso incubar no plano mental e passar pelos quatro mundos, até que isso se materialize.

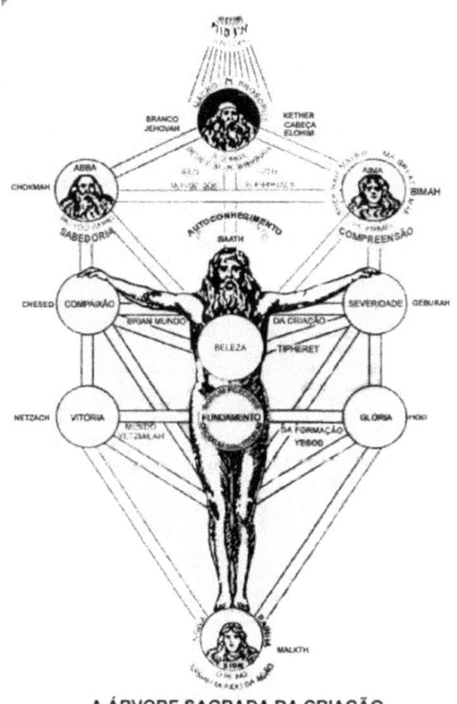

A ÁRVORE SAGRADA DA CRIAÇÃO

Ninguem cria coisa alguma do nada, a pessoa precisa ter uma imagem ou projeto inicial daquilo que está planejando, a planta de uma casa, imaginar uma viagem ou algo que pretende para o futuro. Desta forma tudo começa no plano abstrato, mundo das ideias de Platão, mundo não físico, para se materializar é um processo que exige a criação, reunião do material para formação e enfim a materialização no plano físico.

Este processo é usado em tudo, mesmo na produção de mídia, pois ao se produzir uma ficção estamos na verdade incubando uma ideia para que ela se materialize, isso pode explicar porque se produz certas ficções, são projeções com o objetivo de futuramente materializa-la.

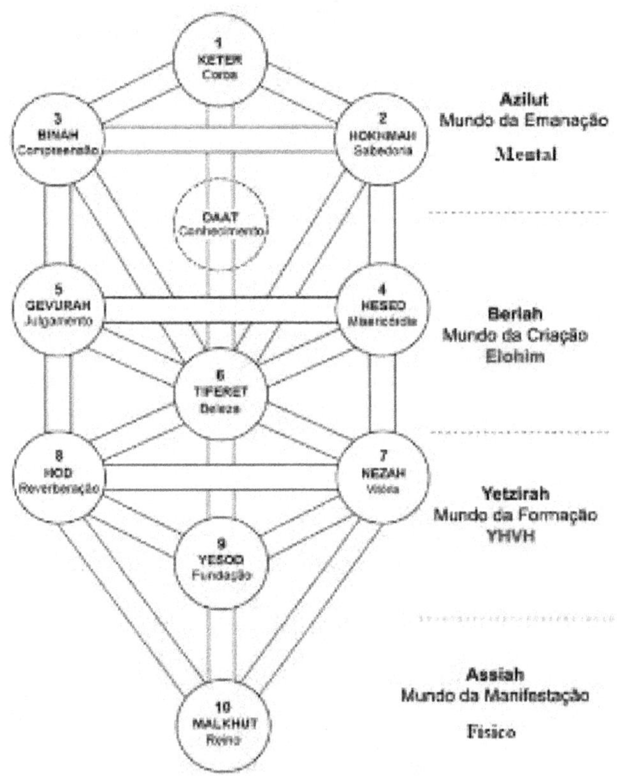

Os ocultistas então vão trabalhar o inconsciente coletivo e projetar suas ideias malignas para poder dar à luz a elas no mundo, este conceito da incubação foi apresentado por Jesus quando afirmou que se um homem olha para uma mulher com desejo ele já pecou. Porque ele pecou se não consumou o ato? Ele já imaginou toda cena com aquela mulher e o que deseja fazer com ela, e isso foi computado como concretizado no mundo espiritual, tudo acontece primeiro no mundo de cima, para depois se materializar no mundo de baixo, é uma lei espiritual, o que ligamos na terra é ligado nos céus, os ocultistas sabem sobre este segredo.

Portanto, os planos ocultos dos Programadores do mundo sempre será através do processo da incubação, há uma texto bíblico que também revela isso.

> "Chocam ovos de basiliscos, e tecem
> teias de aranha; o que comer dos ovos
> deles, morrerá; e do ovo que for pisado
> sairá uma víbora." (Isaias 59;05)

Este processo de incubação é como tecer ovos de aranha e chocar ovos de brasílicos, tudo começa com um plano que é trabalhado e arquitetado inicialmente no mundo abstrato, somente depois e chocar é que estes planos são consumados, os salmos também falam algo sobre isso;

> "Por que se agrupam as nações, e os povos imaginam coisas vãs? Os reis da terra se levantam, e os príncipes juntos conspiram contra o SENHOR e contra o seu ungido, dizendo: Rompamos as suas ataduras e sacudamos de nós as suas cordas. Aquele que habita nos céus se rirá; o Senhor zombará deles." (Salmos 02;01)

Eles gostam de se gloriar em seus poderes, mas o Senhor virá com o juízo, arquitetam seus planos através da arvore do conhecimento do bem e do mal, mas eles geram frutos para morte. Embora nós que somos de Deus, usamos este mesmo processo através da arvore da Vida que é o Messias, a videira ou arvore verdadeira, e as escrituras advertem que não podemos gerar dois frutos, bom e mal. Os líderes globais trabalham com Lúcifer, eles ilustram sua queda através de um raio na arvore cabalística também, pois o processo da queda do raio representa a ação de Lúcifer na terra, Jesus disse que viu ele cair na forma de um raio.

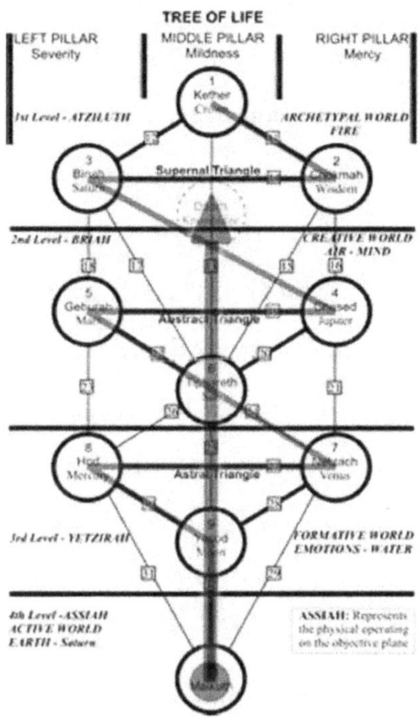

Eles creem que ele voltará a subir e trabalham em Malkuth pelo seu reino, mas Jesus afirmou que o reino dele não é deste mundo. Assim eles antecipam os planos de Satanás e o que pretendem fazer, dizem às suas vítimas o que está prestes a acontecer com elas, e então ver essas vítimas incapazes, totalmente impotentes de impedir sua destruição. Eles contam o que estão prestes a fazer e a população não tem o poder de impedir, assim satanás é glorificado em todo seu orgulho e arrogância. Os líderes globais não se preocupam que o público possa saber o que está para acontecer, porque eles sabem que ninguém tem o poder de impedir que o evento aconteça, porque este mundo jaz do maligno. A elite global pode demonstrar seu poder massacrante através da política e dos líderes que decidem escolher para esta tarefa, a maçonaria entrega prêmios de honra ao mérito para estes políticos e fazem atores e atrizes desfilarem em tapetes vermelhos da fama em Hollywood, assim eles ficam inchados e continuam a trabalhar para a nova ordem mundial como escravos. Em troca eles podem ter riquezas e fama patrocinando a paz mundial e promovendo a visão da estrada do futuro. Por isso é preciso cada vez mais abrir os olhos e fazer a leitura das engrenagens que nos alertam quais serão as próximas ações da Elite Global, isso pode nos ajudar a pensar em estratégias de fuga na hora certa.

Programação preditiva nos filmes

Muitos se questionam qual seria a lógica de se inserir acontecimentos futuros que estão sendo programados em produções de cinema, mas existe uma razão lógica e objetiva por trás disso que envolve Cabala, projeções mentais e controle de crenças e realidade.

Os dispositivos, computador, celulares e televisão e cinema ajudam bastante na projeção das realidade que as sociedade secretas e o mundo o culto está a construir, porque prendem a humanidade na distração e usam eles como incubadores destas realidades.

Se um filme traz uma mensagem dizendo Fuja, como no filme "Mensagem pra você" talvez não devemos pensar nisso como uma casualidade e ficar atentos, mas muitas pessoas não despertaram e não sabem o que está sendo projetado e são pegos d surpresa. Claro que as maldições recaem apenas sobre aqueles que não está do lado de Jesus, mas infelizmente uma grande maioria da população mundial não está, e portanto, tornam-se vítimas desprevenidas deste tipo de cegueira preditiva, agindo de forma controlada. A divulgação de uma realidade pré-programada é uma forma de condicionamento espiritual para preparar as vítimas para essa mesma realidade, neste caso a produção de mídia de massa pela tecnologia e o ocultismo, estão separados apenas por uma linha muito ténue. Como exemplo podemos dar o caso da "marca da besta", dispositivo que englobara o sistema financeiro", já são muitas as notícias que tentam programar as vítimas a aceitar, inclusive incentivado por pastores. No filme o preço do amanhã ficamos sabendo como será um mundo sem dinheiro físico, onde ninguém poderá comprar ou vender sem a marca da besta. Será que este filme é somente uma ficção ou revela uma realidade que está prestes a acontecer?

O filme In Time, versão em português o preço do amanhã com o Cantor Justin Timberlake e Amanda Seyfried aponta uma sociedade do futuro distópica onde o tempo virou a principal moeda de troca e a corrida pela sobrevivência se tornou uma corrida contra o relógio. O filme foi lançado em 20 de outubro de 2011, mas sua mensagem preditiva e ainda atual e mexe com a nossa imaginação, porque parece apresentar de forma preditiva a tão temida marca da besta. No filme os saldos em dinheiro são digitais e são carregados no braço exatamente como sugere a revelação de apocalipse, isso nos leva a pensar como será o mundo sem dinheiro físico. Há muitas vertentes religiosas que tentam negar que a marca da besta seria algum sistema financeiro atrelado as novas moedas digitais, mas este filme nos faz pensar que será exatamente desta forma, e está completamente de acordo com a revelação de apocalipse.

> "E vi uma das suas cabeças como ferida de morte, e a sua chaga mortal foi curada; e toda a terra se maravilhou após a besta."
>
> (Apocalipse 13:3)

A cura da ferida da besta parece fazer alusão a cura do sistema financeiro, que alguns teólogos acreditam que pode ser um reset mundial, claro que a chaga mortal também é vista como uma ferida física do anticristo, mas precisamos fazer uma leitura com dupla interpretação para compreender a transformação do sistema financeiro que usamos na atualidade através de dinheiro físico. A ferida de morte pode ser um golpe mortal no sistema capitalista afetando o mundo e exigindo uma cura. O próprio anticristo é que opera esta cura apontando soluções para o mundo, acredita-se que a ferida pode ser os caos gerado pela robótica e inteligência artificial e outros problemas de ordem econômica. Uma vez estabelecida a cura o mundo irá se alegrar, se maravilhar que ele tenha resolvido todos os problemas do mundo, esta seria a cura, mas vejamos os desfecho.

"E engana os que habitam na terra com sinais que lhe foi permitido que fizesse em presença da besta, dizendo aos que habitam na terra que fizessem uma imagem à besta que recebera a ferida da espada e vivia. E foi-lhe concedido que desse espírito à imagem da besta, para que também a imagem da besta falasse, e fizesse que fossem mortos todos os que não adorassem a imagem da besta.

E faz que a todos, pequenos e grandes, ricos e pobres, livres e servos, lhes seja posto um sinal na sua mão direita, ou nas suas testas, Para que ninguém possa comprar ou vender, senão aquele que tiver o sinal, ou o nome da besta, ou o número do seu nome.

Aqui há sabedoria. Aquele que tem entendimento, calcule o número da besta; porque é o número de um homem, e o seu número é seiscentos e sessenta e seis."

(Apocalipse 13:14-18)

Aqui fala da construção de uma imagem para o sistema, para a besta, que pode ser com certeza a inteligência artificial que vai operar mundialmente através do controle de voz. Esta imagem vai falar e hoje sabemos que esta imagem será um robô humanoide controlado pela inteligência artificial. O sistema vai exigir que para comprar ou vender todos tenham a marca da besta, isso já se confirma através da tecnologia do ID; uma identidade digital rastreável no mundo todo, nesta identidade estará também ligado o sistema financeiro pessoal de cada pessoa, ou seja, de compra e venda, que pode ser inserido através do sistema QR Code e blockchain em todos os seres humanos. Uma vez que não terá mais dinheiro físico, apenas moeda digital e também muito poucos empregos, as pessoas dependerão da renda básica universal e de um saldo positivo nas suas carteiras digitais para a sua sobrevivência. A armadilha do preço do amanhã está exatamente ai, estamos entrando em um cerco onde não há saída, mas claro, sabemos que Deus nos mostrará o escape. Isso nos confirma que a ficção está preparando a humanidade preditivamente para a realidade que os senhores do mundo estão programando, não podemos nos tornar uma vítima desprevenida, devemos estudar e ficar atentos, divulgar as armadilhas que a Nova Ordem Mundial está preparando, muitas coisas estranhas estão acontecendo, tecnologias assustadoras estão surgindo, mesmo que sejam divulgadas em um filme de forma subliminar sabemos que podem ser avisos do que em breve se tornará realidade.

A inteligência artificial

Iniciamos este assunto falando da robótica e da inteligência artificial, isso porque este é o assunto de maior destaque no que se refere a programação preditiva, o controle dos seres humanos pela máquina. O avanço da tecnologia é o que pode de fato colocar os seres humanos em uma situação que será catastrófica, por isso o caso é revelado através de filmes como o Exterminador do futuro e o preço do amanhã, parece que estão nos avisando sobre o cerco. As escrituras também nos confirmam isso, o profeta Daniel não apenas nos alertou sobre o avanço da ciência, mas também da mistura do ferro e do barro.

> "Quanto ao que viste do ferro misturado com barro de lodo, misturar-se-ão com semente humana, mas não se ligarão um ao outro, assim como o ferro não se mistura com o barro."
>
> Daniel 2:43

Encontramos nesta revelação que a tentativa de fundir o homem ao ferro é algo que será projetado pelo homem. Esta passagem se refere a interpretação de Daniel ao sonho de Nabucodonosor, ele teve o sonho com a estatua era uma mistura de ferro e barro.

O barro representa a semente humana, porque o homem foi criado através do barro e o ferro representa a engenharia robótica do fim dos tempos, sabemos que esta revelação arremete a volta de Jesus e seu reino, porque a estátua é destruída e o plano desfeito. Ou seja o plano maligno da nova ordem mundial pode até começar, mas não será concluído, assim como Deus não permitiu Ninrod concluir a torre de Babel, este plano de Babilônia a grande também não será consumado. Portanto, a engenharia do fim dos tempos será o transhumanismo e a tentativa de se fundir o homem e a máquina, isso já é um fato através da inteligência artificial e robótica. A imagem da Besta também será uma inteligência artificial controlando todos os passos do homem. Dentro da programação preditiva há inúmeros filmes que podemos usar como exemplo, confirmando que a humanidade já foi programada a aceitar esta tecnologia, O exterminador do futuro nos deixa a mensagem do perigo de um apocalipse das máquinas, mas dentro desta questão do aprendizado de máquina e de como os seres humanos podem cair nesta armadilha da substituição, de todo trabalho dos seres humanos por robôs, fim dos empregos, relacionamentos com robôs há um filme mais recente que aborda este tema. Já estamos na Quarta Revolução Industrial, que também é conhecida como Indústria 4.0, um termo que se refere à nova era de avanços tecnológicos que está transformando a maneira como a indústria funciona. É uma evolução do que já foi visto nas revoluções industriais anteriores, mas agora com a presença de tecnologias digitais e a interconexão em rede de equipamentos, dispositivos e sistemas. A Quarta Revolução Industrial está impulsionando a adoção de tecnologias como a Internet das Coisas (IoT), a inteligência artificial (IA), a robótica, a computação em nuvem, entre outras. Essas tecnologias estão transformando a maneira como as empresas produzem bens e serviços, tornando os processos mais eficientes, automatizados e interconectados. O futuro da robótica promete ser transformador e irreversível conforme especialistas, com avanços significativos em diversas áreas, vejamos um resumo das tendências esperadas:

Automação generalizada: A robótica continuará a impulsionar a automação em várias indústrias, desde manufatura e logística até serviços e saúde. Robôs colaborativos e autônomos trabalharão lado a lado com humanos para aumentar a eficiência e a produtividade.

Inteligência Artificial (IA) integrada: A IA desempenhará um papel fundamental na evolução dos robôs, permitindo que eles aprendam e se adaptem ao ambiente de forma mais eficaz. Os robôs serão capazes de tomar decisões complexas em tempo real e interagir de forma mais natural com os humanos.

Robótica móvel e autônoma: Robôs móveis e autônomos, como veículos terrestres, aéreos e subaquáticos, serão cada vez mais utilizados em tarefas de inspeção, monitoramento, entrega e exploração de ambientes perigosos ou inacessíveis para os humanos.

Robótica social e de serviços: Robôs projetados para interagir e auxiliar os humanos em tarefas domésticas, cuidados de saúde, educação e entretenimento se tornarão mais comuns. Esses robôs serão capazes de reconhecer emoções humanas, adaptar-se a diferentes contextos sociais e fornecer suporte personalizado.

Avanços em robótica médica: A robótica desempenhará um papel cada vez mais importante na medicina, com robôs sendo usados em cirurgias minimamente invasivas, assistência a pessoas com deficiências físicas, administração de medicamentos e terapias personalizadas.

Ética e regulamentação: Com o aumento da presença de robôs na sociedade, questões éticas e legais relacionadas à segurança, privacidade, emprego e responsabilidade surgirão. Será crucial desenvolver regulamentações adequadas e padrões éticos para garantir o uso responsável e seguro da robótica.

Em resumo, o futuro da robótica promete uma integração cada vez maior entre humanos e máquinas, com robôs desempenhando um papel fundamental em diversas áreas da vida cotidiana e impulsionando o progresso tecnológico e social. Por mais que estas tendência ainda neste ano de 2024 pareçam mais temas visionários de filmes de ficção, como de Exterminador do Futuro, sabemos que esta agenda está a todo curso e a humanidade está sendo preparada através da programação preditiva até que ocorra a plena materialização destas engenharias do futuro, a realidade que vivemos com todas as suas tecnologias não aconteceram da noite pro dia, a seguir farei uma introdução de como ocorre a materialização, a nossa realidade mais concreta, muitas vezes surge inicialmente de uma ideia abstrata que estava somente no mundo das ideias e na cabeça do inventor. Cabe ao visionário que sonhou ou imaginou qualquer criação que não existe dar os primeiro passos para materializa-la.

Materialização da realidade.

A manifestação e materialização das realidades é algo que precisamos conceituar, O trajeto da plena materialização da realidade através do mundo das ideias, conforme a filosofia de Platão, pode ser compreendido através do conceito de sua teoria das formas ou das ideias. Segundo Platão, a realidade que percebemos através dos sentidos é apenas uma sombra ou uma imitação das formas verdadeiras, que residem no mundo das ideias, para melhor compreensão deste conceito vejamos algumas definições importantes.

Mundo das Ideias (ou Formas):

Platão propôs a existência de um mundo metafísico de formas eternas e imutáveis. Este é o "mundo das ideias", onde residem as essências ou formas perfeitas de objetos e conceitos. Por exemplo, no mundo das ideias, há a forma perfeita de um círculo, de uma árvore, de justiça, de beleza, e assim por diante. Essas formas são as realidades supremas e permanentes, das quais todas as coisas no mundo físico são apenas cópias imperfeitas.

Mundo Sensível:

O mundo sensível é o mundo que percebemos através dos sentidos. É o mundo físico e material, onde todas as coisas são transitórias e sujeitas a mudanças. Aqui, vemos objetos como cadeiras, mesas, árvores, pessoas, etc. Esses objetos são apenas reflexos das formas verdadeiras que existem no mundo das ideias.

Participação das Formas no Mundo Sensível:

Platão argumenta que as coisas no mundo sensível "participam" das formas ou ideias. Isso significa que cada objeto físico tem uma conexão com a forma perfeita correspondente no mundo das ideias. Por exemplo, uma mesa neste mundo participa da forma perfeita de "mesa" no mundo das ideias. A qualidade de "mesa-ness" que reconhecemos em todas as mesas é derivada dessa forma.

Ascensão da Alma para a Contemplação das Ideias:

Platão sugere que o objetivo final da vida humana é a busca pela verdade e pelo conhecimento das formas. Isso envolve uma ascensão da alma do mundo sensível para o mundo das ideias. A alma, segundo Platão, é imortal e está presa ao corpo apenas temporariamente. Ao buscar o conhecimento verdadeiro, a alma pode transcender as limitações do mundo físico e alcançar a contemplação das formas perfeitas.

Em suma, o trajeto da plena materialização da realidade através do mundo das ideias de Platão envolve uma compreensão de que a realidade material é apenas uma sombra das formas perfeitas que residem no mundo das ideias. A busca pelo conhecimento verdadeiro envolve transcender as limitações do mundo sensível e contemplar as formas eternas e imutáveis que são a verdadeira essência da realidade. O mundo das sombras seria também uma prisão ou uma caverna no qual a humanidade está presa, sem compreender o que exatamente é a realidade. No mito da caverna de Platão, ele descreve um cenário onde prisioneiros estão acorrentados desde a infância em uma caverna escura, incapazes de ver além de uma parede à frente deles. A única luz que eles veem vem de trás deles, provem de onde há um fogo. Entre o fogo e os prisioneiros, há pessoas que passam segurando objetos e criaturas, projetando sombras na parede à frente dos prisioneiros. Como os prisioneiros nunca viram nada além das sombras na parede, eles acreditam que essas sombras são a única realidade. Essa metáfora representa a condição humana de vivermos em um mundo de percepções limitadas, onde nossa compreensão da realidade é restrita pela nossa experiência sensorial e pela influência das opiniões alheias. A caverna simboliza o mundo físico e material, enquanto as sombras representam as aparências enganosas que percebemos através dos sentidos. A libertação dos prisioneiros e sua jornada para fora da caverna simbolizam o processo de filosofar e alcançar o conhecimento verdadeiro, transcendendo as limitações da percepção sensorial e descobrindo a realidade mais ampla do mundo das ideias.

Conclusão sobre a Programação

A programação preditiva existe, é a introdução de todas as ações das sociedades secretas em toda a produção de mídia global e dos passos que darão para materializar seus planos. Como percebemos estes planos são programados e introduzidos para que sejam incubados e gerados com a ajuda do inconsciente coletivo, trata-se de um plano arquitetado e ainda que abstrato, é gerado pela programação aguardando sua plena manifestação ou materialização, como foi ilustrado na imagem da arvore cabalística A realidade é projetada no mundo arquetípico e somente depois se materializa no mundo físico, o uso de personagens irreais em filmes já é um meio de se fazer acreditar que aquela realidade do personagem do filme já faz parte da nossa realidade. O termo "mundo arquetípico" refere-se a um domínio conceitual proposto pelo psicólogo suíço Carl Gustav Jung. Jung desenvolveu a teoria dos arquétipos como parte de sua psicologia analítica. Os arquétipos são padrões universais e simbólicos que residem no inconsciente coletivo da humanidade. O "mundo arquetípico" é, portanto, o reino desses arquétipos, que influenciam nossos pensamentos, sentimentos e comportamentos de maneiras profundas e muitas vezes inconscientes. Alguns exemplos de arquétipos e como eles se manifestam no mundo arquetípico incluem:

O Herói: Representa a busca por aventura, superação de desafios e a jornada de autodescoberta. Exemplos no mundo arquetípico incluem personagens como Harry Potter, Luke Skywalker e Rei Arthur.

A Sombra: Refere-se aos aspectos ocultos e reprimidos da personalidade de uma pessoa, frequentemente considerados negativos. Manifestações da sombra podem ser encontradas em histórias de vilões, monstros e figuras demoníacas.

A Mãe: Este arquétipo simboliza a maternidade, nutrição e proteção. Exemplos no mundo arquetípico incluem figuras mitológicas como Deméter e personagens literárias como Molly Weasley de Harry Potter.

O Velho Sábio: Representa a sabedoria, orientação e conhecimento acumulado. Exemplos incluem personagens como

Gandalf em "O Senhor dos Anéis" e Merlin na lenda do Rei Arthur.

O Trickster: Este arquétipo é associado à travessura, astúcia e quebra de convenções sociais. Exemplos incluem personagens como Puck em "Sonho de uma Noite de Verão" de Shakespeare e Loki na mitologia nórdica.

O Self: É o arquétipo central que representa a totalidade e integridade da psique. Manifesta-se em símbolos como o círculo, o mandala e figuras divinas que unem polaridades opostas, como o yin e o yang no taoísmo.

Esses são apenas alguns exemplos de como os arquétipos permeiam o "mundo arquetípico", influenciando mitos, contos de fadas, religião, literatura e cultura em geral. Esses padrões universais são considerados essenciais para entender a natureza da psique humana e sua expressão simbólica e uma vez que estes arquétipos são absorvidos interiorizados como personagens reais eles podem influenciar a realidade e até se materializar em alguns casos, como a ficção sobre tecnologias e robôs por exemplo, mas o fato é que a programação é introduzida neste Matrix que vivemos e influencia a nossa realidade.

Como diz aquele dito popular "A vida imita a arte" então a sétima arte pode produzir toda a ficção que desejar para moldar a nossa realidade, e se esta ferramenta poderosa está nas mãos dos controladores do mundo, este é um dado para se ficar em alerta. Isso não quer dizer que não existe produtores do bem que procuram produzir conteúdo para despertar as pessoas, mas nem sempre isso acontece porque o nível de hipnose coletiva através da programação das trevas é maior e muito poderosa. A grande mídia está ai produzindo massivamente notícias, filmes, novelas fazendo uma verdadeira lavagem cerebral nas pessoas e como vimos tem o problema do algoritmos controlando e segmentando as informações, impedindo que muitas pessoas tenham acesso nas redes sociais as informações relevantes, que ajudem a pessoas sair da Matrix. Percebemos que muitas coisas banais estão em alta, recebem um grande número de visualizações, enquanto coisas de valor estão sendo enterradas e lançadas na obscuridade.

Sobre o autor

Ricardo Max é professor, pesquisador autodidata, e entre suas várias atividades adora escrever sobre espiritualidade e religião. Mas seu interesse não se restringe ao campo da religião e espiritualidade, escreve também contos poesias, romances e outros textos diversificados da literatura.

Outras obras do autor

Matrix o Despertar

A Física Quântica de Jesus

Oração Quântica

A Seita Secreta

O poder da imaginação

A Chave de Abraão